BEI GRIN MACHT SICH IHR WISSEN BEZAHLT

- Wir veröffentlichen Ihre Hausarbeit, Bachelor- und Masterarbeit

- Ihr eigenes eBook und Buch - weltweit in allen wichtigen Shops

- Verdienen Sie an jedem Verkauf

Jetzt bei www.GRIN.com hochladen und kostenlos publizieren

Zu Kants Geschmacksurteil. Wodurch ist das Geschmacksurteil gekennzeichnet und wie kommt es zustande?

Bibliografische Information der Deutschen Nationalbibliothek:

Die Deutsche Nationalbibliothek verzeichnet diese Publikation in der Deutschen Nationalbibliografie; detaillierte bibliografische Daten sind im Internet über http://dnb.d-nb.de abrufbar.

ISBN: 9783346874160
Dieses Buch ist auch als E-Book erhältlich.

Druck und Bindung: Books on Demand GmbH, Norderstedt Germany
Gedruckt auf säurefreiem Papier aus verantwortungsvollen Quellen

Das vorliegende Werk wurde sorgfältig erarbeitet. Dennoch übernehmen Autoren und Verlag für die Richtigkeit von Angaben, Hinweisen, Links und Ratschlägen sowie eventuelle Druckfehler keine Haftung.

Das Buch bei GRIN: https://www.grin.com/document/1358537

Inhalt

1.Einleitung: 2

2.Hauptteil 3

   2.1.Das Werk „Kritik der Urteilskraft": 3

   2.2.Kants Konzept des Geschmacks: 3

   2.3.Die vier Momente des Geschmacksurteils: 7

      2.3.1. Qualität: 7

      2.3.2. Quantität: 7

      2.3.3. Relation: 8

      2.3.4. Modalität: 9

      2.3.5. Funktionen einzelner Momente: 9

   2.4. Abgrenzung Geschmacksurteil vom Erkenntnisurteil 11

      2.4.1.Charakteristika Geschmacksurteil: 11

      2.4.2.Charakteristika Erkenntnisurteil: 12

      2.4.3.Vergleich Geschmacksurteil & Erkenntnisurteil: 13

4.Schluss: Fazit 14

1.Einleitung:

„Schönheit liegt im Auge des Betrachters", so heißt es oftmals in der Gesellschaft. Geschmäcker scheinen sich demnach voneinander zu unterscheiden. Aber ist das wirklich so?. Innerhalb der Wissenschaften gibt es viele unterschiedliche Perspektiven auf diese Thematik. Auch die Philosophie setzt sich mit dieser Thematik auseinander. Kant gehört dabei zu einer der bekanntesten Philosophen überhaupt. Seine Werke waren und sind auch noch in der heutigen Zeit von großer Bedeutung und somit unerlässlich. Neben seinen beiden bekannten Werken „Die Kritik der reinen Vernunft" und „die Kritik der praktischen Vernunft" gehört unter anderem auch „Die Kritik der Urteilskraft" zu den wichtigsten Bestandteilen seiner Philosophie. „Die Kritik der Urteilskraft" selbst beschäftigt sich mit der Ästhetik und hat in Bezug darauf wichtige Erkenntnisse geliefert, die auch noch in der heutigen Philosophie einen großen Stellenwert einnehmen. In seinem Werk behandelt Kant philosophische Fragestellungen hinsichtlich des Begriffs des Schönen. Der Teil zur ästhetischen Urteilskraft befasst sich dabei unter anderem mit dem Urteilen über das Schöne als Gegenstand. Dabei geht Kant der Frage nach, was Schönheit und Geschmack überhaupt bedeuten und wodurch etwas überhaupt als schön wahrgenommen wird. Die ästhetische Urteilskraft befasst sich somit mit der Analyse des Schönen.

Die vorliegende Hausarbeit wird sich näher mit Kants „Kritik der Urteilskraft" auseinandersetzen. Die konkrete Fragestellung hierbei lautet: „Wodurch ist das Geschmacksurteil bei Kant gekennzeichnet und wie kommt dieser zustande?". Dazu soll im Hauptteil der vorliegenden Hausarbeit zunächst einmal grundlegend auf den Aufbau des Werks „Kritik der Urteilskraft" und Kants Konzept des Geschmacks eingegangen werden. Im Anschluss daran wird ganz konkret auf die vier Momente des Geschmacksurteils eingegangen (Qualität, Quantität, Relation, Modalität). Daran anbindend werden im nächsten Abschnitt die jeweiligen Charakteristika von Geschmacksurteilen und Erkenntnisurteilen herausgearbeitet, um schlussfolgernd das Geschmacksurteil vom Erkenntnisurteil abgrenzen zu können. Im Schlussteil erfolgt abschließend ein Fazit über die zuvor gesammelten Ergebnisse.

2.Hauptteil

2.1.Das Werk „Kritik der Urteilskraft":

Zunächst einmal soll im Folgenden - zur Einordnung der Fragestellung der vorliegenden Hausarbeit - dargestellt werden, aus welchen Elementen „Die Kritik der Urteilskraft" aufgebaut ist: Kants berühmtes Werk setzt sich ganz grundsätzlich aus den Elementen der Vorrede, Einleitung, Erster Teil und Zweiter Teil zusammen.

In der Einleitung des Werkes wird der Stellenwert der Begrifflichkeit der Zweckmäßigkeit und der Urteilskraft als ein Bindeglied behandelt. Der daran anknüpfende erste Teil befasst sich mit der Kritik der Urteilskraft und gliedert sich in zwei Abschnitte. Dabei untersucht der erste Abschnitt des ersten Teils ganz speziell die Analytik der ästhetischen Urteilskraft, während sich der zweite Abschnitt mit der Dialektik der ästhetischen Urteilskraft befasst. Im ersten Abschnitt des ersten Teils werden die vier Momente eines Geschmacksurteils untersucht, auf die in einem anderem Abschnitt dieser Hausarbeit noch näher darauf eingegangen wird. Daran anknüpfend wird die Analytik des Erhabenen behandelt. Zudem wird in diesem Abschnitt auf die Deduktion der reinen ästhetischen Urteile eingegangen. Der zweite Abschnitt des ersten Teils befasst sich mit der Dialektik der ästhetischen Urteilskraft. Der zweite Teil des Werkes setzt sich ebenso wie der erste Teil aus zwei Bestandteilen zusammen, und zwar zum einen aus der Analytik der teleologischen Urteilskraft und zum anderen aus der Dialektik dessen. Beide Teile des Werkes weisen somit eine Zweiteilung in die beiden Bereiche Analytik und Dialektik auf.

Hinsichtlich der Fragestellung der vorliegenden Hausarbeit steht jedoch der erste Abschnitt des ersten Teils im Fokus. Im Folgenden wird dazu detaillierter auf die einzelnen Aspekte dieser Thematik eingegangen.

2.2.Kants Konzept des Geschmacks:

Der Begriff des Geschmacks nimmt in der „Kritik der Urteilskraft" eine zentrale Rolle ein, weshalb in diesem Abschnitt zunächst einmal geklärt werden soll, was genau der Begriff des Geschmacks umfasst und wie dieser überhaupt zustande kommen kann. Erst wenn die Definition und die Entstehungsweise dessen geklärt sind, kann im Anschluss daran auf die Differenzierungen hinsichtlich des Geschmacksbegriffs eingegangen werden.

Zunächst einmal ist zu sagen, dass Kant den Geschmacksbegriff wie folgt auffasst: „Geschmack ist das Begehrungsvermögen eines Gegenstandes oder einer Vorstellungsart durch ein Wohlgefallen, oder Mißfallen, ohne alles Interesse. Der Gegenstand eines solchen Wohlgefallens heißt schön."[1]. Das bedeutet, der Geschmack geht mit einem Wohlgefallen einher. Anzumerken ist hierbei, dass ein bestimmter Gegenstand ganz neutral - also ohne jegliches Vorhandensein eines Interesses am Gegenstand selbst - betrachtet werden muss, damit überhaupt ein angemessenes Urteil gefällt werden kann. Nur durch das Auslösen eines Wohlgefallens - durch das Anschauen eines bestimmten Gegenstandes oder durch die Reflexion dessen - kann überhaupt die Aussage entstehen, dass etwas schön sei. Wird jedoch Mißfallen ausgelöst, wird der Gegenstand logischerweise als nicht schön aufgefasst. Kant weist dabei darauf hin, dass jeder Mensch ein Geschmacksvermögen besitzt und daher fähig ist, ein Geschmacksurteil zu bilden: „Der Geschmack ist zunächst einmal ein Vermögen, das jedem Menschen in höherem oder geingeren Maße zukommt, das im sinnlichen Bereich ein Urteil abzugeben vermag, in welches andere Menschen einstimmen sollen."[2]. Ganz konkret lässt sich zum Zustandekommen des Geschmacksurteils noch Folgendes hinzufügen: „Um zu unterscheiden, ob etwas schön sei oder nicht, beziehen wir die Vorstellung nicht durch den Verstand auf das Objekt zum Erkenntnisse, sondern durch die Einbildungskraft (vielleicht mit dem Verstande verbunden) auf das Subjekt und das Gefühl der Lust und Unlust desselben."[3]. Das heißt, erst der Bezug der Einbildungskraft auf ein Individuum und dessen Gefühl der Lust und Unlust ermöglicht die Entstehung eines Geschmacksurteils und daraus resultierend das Zustandekommen der Äußerung, dass etwas schön ist (im Falle des Auftretens des Gefühls der Lust) oder eben nicht schön ist (im Falle des Austretens der Gefühl der Unlust).Die Reflexion über einen bestimmten Gegenstand wird also nicht durch den Verstand gesteuert oder in Form einer Erkenntnis wiedergegeben.

Hinsichtlich des Geschmacksbegriffs lässt sich folgende Differenzierung in drei Arten vornehmen: „Mit den drei Formen des Wohlgefallens (am Angenehmen, am Schönen und am Guten) bringt Kant drei ihnen entsprechende Verhaltensweisen des Menschen in Verbindung: Neigung, Gunst und Achtung."[4]. Die drei Formen des Wohlgefallens weisen demnach jeweils spezifische Charakteristika auf, die sie voneinander abgrenzen. Zudem resultieren aus den verschiedenen Arten des Wohlgefallens unterschiedliche Befindlichkeiten eines Individuums.

---

[1]Weischedel Wilhelm, Immanuel Kant- Kritik der Urteilskraft und naturphilosophische Schriften, Stuttgart, 1957, S. 288.
[2]Juchem Hans-Georg, Die Entwicklung des Begriffs des Schönen bei Kant, Bonn, 1970, S.63.
[3]Lehmann Gerhard, Immanuel Kant- Kritik der Urteilskraft, Stuttgart, 1963, S.39.
[4]Heintel Peter, Die Bedeutung der Kritik der ästhetischen Urteilskraft für die transzendentale Systematik, Bonn, 1970, S.45.

Das Angenehme geht mit einer Neigung zu einem gewissen Gegenstand einher, während das Schöne mit Gunst in Verbindung zu setzen ist. Die Achtung wiederum steht in Zusammenhang mit dem Guten. Bezüglich des Guten lässt sich zudem nach folgender Aspekt hinzufügen: „Das Wohlgefallen am Guten ist mit Interesse verbunden. Gut ist das, was vermittelst der Vernunft, durch den bloßen Begriff, gefällt. Wir nennen einiges wo-zu gut (das Nützliche), was nur als Mittel gefällt; ein anderes aber an sich gut, was für sich selbst gefällt. In beiden ist immer der Begriff eines Zwecks, mithin das Verhältnis der Vernunft zum (wenigstens möglichen) wollen, folglich ein Wohlgefallen am Dasein eines Objektes oder einer Handlung, d.i. irgendein Interesse, enthalten."[5].

Das Zitat hebt hervor, dass ein Gegenstand, der mit der Wohlgefallensart des Guten einhergeht, stets mit einem Interesse seitens des Subjekts verbunden ist. Der Gegenstand wird somit an sich und aufgrund seiner Existenz geachtet. Zudem ist der Gegenstand einer solchen Wohlgefallensart immer mit einer Zweckmäßigkeit verbunden (entweder als ein Mittel zu etwas anderem oder aber als Zweck an sich). Grundsätzlich kann für die drei verschiedenen Wohlgefallensarten folgende Feststellung geäußert werden:

„Angenehm heißt jemanden das, was ihn vergnügt; schön, was ihm bloß gefällt; gut, was geschätzt, gebilligt, d.i. worin von ihm objektiven Wert gesetzt wird. Annehmlichkeit gilt auch für vernunftlose Tiere; Schönheit nur für Menschen (...), das Gute aber für jedes vernünftige Wesen überhaupt."[6].

Aus dem Zitat geht hervor, dass die Wohlgefallensart der Schönheit nur bei menschlichen Wesen auftritt. Somit sind nur Menschen in der Lage dazu, Gunst zu empfinden. Die verschiedenen Arten des Wohlgefallen unterscheiden sich weiterhin in gewissen anderen Aspekten voneinander:

„Das Angenehme und das Gute haben beide eine Beziehung auf das Begehrungsvermögen und führen (...) ein reines praktisches Wohlgefallen bei sich, welches nicht bloß durch die vorgestellte Verknüpfung des Subjekts mit der Existenz desselben bestimmt wird. Nicht bloß der Gegenstand, sondern auch die Existenz desselben gefällt."[7].

Aus dem Zitat geht hervor, dass die beiden Wohlgefallensarten am Angenehmen und am Guten

---

[5]Lehmann Gerhard, Kritik der Urteilskraft, Stuttgart, 1963, S.73.
[6]Ebd., S.77 f.
[7]Ebd., S.7

5

gewisse Gemeinsamkeiten zueinander aufweisen. Sowohl beim Angenehmen als auch beim Guten handelt es sich um eine Wohlgefallensart, das mit Interesse am Gegenstand selbst einhergeht. Dadurch, dass ein Interesse vorhanden ist, stehen die beiden Wohlgefallensarten zugleich auch in Beziehung zum Begehrungsvermögen. Das Angenehme und das Gute grenzen sich daher vom Wohlgefallen am Schönen ab, das diese Aspekte scheinbar nicht mitenthält. Somit kann das Schöne nicht mit dem Begehrungsvermögen zusammenhängen und nicht mit einem Interesse am Gegenstand selbst und dessen Existenz einhergehen. Bei der Wohlgefallensart des Schönen handelt es sich somit um ein interesseloses Wohlgefallen, während dies bei den anderen beiden Wohlgefallensarten nicht der Fall ist. Auch hinsichtlich des Gültigkeitsanspruchs lassen sich Unterschiede zwischen den einzelnen Arten des Wohlgefallens feststellen:

„Urteile über das Angenehme haben nur eine subjektive Geltung, Urteile über das Schöne indes haben eine subjektive Allgemeingültigkeit, nicht aber eine objektive. Nur Urteile, durch die etwas als gut erklärt wird, können sowohl durch ein Gefühl bestimmt sein wie objektive Geltung haben."[8].

Die subjektive Geltung der Wohlgefallensart am Angenehmen lässt sich mit der individuellen Neigung und dem individuellen Empfinden eines Subjektes am Gegenstand erklären. Die subjektive Allgemeingültigkeit des Wohlgefallens am Schönen wiederum kann man damit erklären, dass das interesselose Urteilen über einen Gegenstand, womit Gunst einhergeht, über den rein subjektiven Standpunkt hinausgeht und demnach eine gewisse Allgemeingültigkeit beansprucht beziehungsweise anfordert. Die sowohl subjektive als auch objektive Geltung des Wohlgefallens am Guten hingegen ist dadurch zu begründen, dass das Gute mit einer Achtung und einem Schätzern beziehungsweise einer Billigung zusammenhängt und darin eine objektive Wertigkeit enthalten ist.

Ganz allgemein lässt sich das Verständnis von gutem Geschmack, der die Zustimmung der Allgemeinheit erlangen kann, wie folgt charakterisieren:

„Ob jemand Geschmack habe oder nicht, hängt deshalb davon ab, inwiefern sich das, was er als schön oder auch als angenehm vorstellt, sich als Regel für andere erklären lasse. Zu sagen, dass jemand Geschmack habe, bedeutet also, daß er dasjenige vorstellen kann, was nicht nur

---

[8]Häußler Johann N., Ästhetisches Reflexionsurteil, München, 1992, S.74.

für ihn als angenehm gilt, sondern was für viele als angenehm gilt, oder gar fähig zu sein, dasjenige vorzustellen, was für alle ein Objekt des Wohlgefallens sein kann."[9].

Dieser Vorgang erfordert das Hinausgehen aus dem eigenen subjektiven Empfindungen und Vorstellungen und das Involvieren der möglichen Vorstellungen und Empfindungen der anderen. Somit enthält dieser Prozess das Betrachten vieler einzelner subjektiver Reflexionsurteile und das zueinander in Beziehung setzen dieser unterschiedlichen Reflexionsurteile.

2.3. Die vier Momente des Geschmacksurteils:

Jedes Geschmacksurteil weist stets vier verschiedene Momente auf, die ein Geschmacksurteil in einer bestimmten Hinsicht genauer beschreiben. Auf diese einzelnen Momente soll im Folgenden näher eingegangen werden.

2.3.1. Qualität:

Der erste Moment eines Geschmacksurteils ist der der Qualität nach. Im Grunde genommen beschäftigt sich dieser Moment mit den grundsätzlich für ein Geschmacksurteil typischen Eigenschaften und der Beschaffenheit von Geschmacksurteilen allgemein. Bereits im vorherigen Abschnitt wurden die charakteristischen Merkmale eines Geschmacksurteils behandelt. Demnach kann man unter dem Moment der Qualität folgende Aspekte nennen: Beim Geschmacksurteil handelt es sich zunächst einmal um ein ästhetisches Urteil. Dabei gibt es drei unterschiedliche Arten des Wohlgefallens, wobei nur das Wohlgefallen, welches das Geschmacksurteil bestimmt, ohne jegliches Interesse ist und die Arten des Wohlgefallens am Angenehmen und am Guten im Gegensatz dazu mit Interesse einhergehen.

2.3.2. Quantität:

Der zweite Moment eines Geschmacksurteils ist der Moment der Quantität nach, also der Anzahl beziehungsweise Vielzahl nach. Demnach stehen innerhalb dieses Moments wiederum die verschiedenen Arten des Wohlgefallens im Fokus der näheren Betrachtung. Bezüglich der

---

[9]Ebd., S. 100.

Urteilsbildung selbst und der Quantität von Geschmacksurteilen lässt sich Folgendes feststellen:

„Daraus folgt auch, daß das Vermögen, kraft dessen wir etwas als schön erklären, ein solches ist, das im Akt einer solchen Urteilsbildung einer Regel folgt, ohne daß es dabei einer begrifflich fixierten Bedingung als Regel folgt. (…). Woraus auch folgt, daß die Regel, der man folgt, wenn man das Urteil „dieses x ist schön" zum Ausdruck bringt, eine solche ist, der man immer nur einmal folgen kann."[10].

Daraus ergeben sich zum einen die Subjektivität eines jeden Urteils und die damit verbundene Vielzahl an Geschmacksurteilen. Zum anderen wird deutlich, dass die Urteilsbildung nicht an einen bestimmten Begriff gebunden ist. Stattdessen vollzieht sie sich mittels einer Regel, die aber bei jeder einzelnen Urteilsbildung variieren kann. Die zu befolgende Regel zeichnet sich somit auch durch eine gewisse Subjektivität aus.

2.3.3. Relation:

Der dritte Moment des Geschmacksurteils – der Moment der Relation – befasst sich mit der Relation der Zwecke, indem zunächst einmal folgende Feststellung Kants hinsichtlich des Zweckbegriffs geäußert wird: „Wo also nicht bloß die Erkenntnis von einem Gegenstande, sondern der Gegenstand selbst (die Form oder Existenz desselben) als Wirkung, nur als durch einen Begriff von der letzteren möglich gedacht wird, da denkt man sich einen Zweck."[11]. Daran anknüpfend bestimmt Kant die Zweckmäßigkeit von Geschmacksurteilen wie folgt:

„Aller Zweck, wenn er als Grund des Wohlgefallens angesehen wird, führt immer ein Interesse, als Bestimmungsgrund des Urteils über den Gegenstand der Lust, bei sich. Also kann dem Geschmacksurteil kein subjektiver Zweck zum Grunde liegen. Aber auch keine Vorstellung eines objektiven Zwecks, (…)."[12].

Ein Aspekt, der ebenso von großer Bedeutung ist, ist Kants Kategorisierung ästhetischer Urteile und die sich daraus ergebende Beschaffenheit von reinen Geschmacksurteilen. Kant äußert sich diesbezüglich wie folgt:

„ Ästhetische Urteile können, (…), in empirische und reine eingeteilt werden. Die ersteren sind die, welche Annehmlichkeit oder Unannehmlichkeit, die zweiten die, welche Schönheit von

---

[10]Häußler Johann N., Ästhetisches Reflexionsurteil, München, 1992, S.41.
[11]Lehmann Gerhard, Kritik der Urteilskraft, Stuttgart, 1963, S.94.
[12]Ebd., S.95.

einem Gegenstande oder von der Vorstellungsart desselben aussagen; jene sind Sinnesurteile (materiale ästhetische Urteile), diese (als formale) allein eigentliche Geschmacksurteile. Ein Geschmacksurteil ist sofern rein, als kein bloß empirisches Wohlgefallen dem Bestimmungsgrunde desselben beigemischt wird. Dieses aber geschieht allemal, wenn Reiz oder Rührung einen Anteil an dem Urteile haben, wodurch etwas für schön erklärt werden soll."[13].

Dementsprechend kann man sagen, dass die Arten des Wohlgefallens am Angenehmen und am Guten zu den empirischen ästhetischen Urteilen hinzugezählt werden müssen. Bei der Wohlgefallensart am Schönen hingegen handelt es sich um ein reines ästhetisches Urteil, da sich die Bildung der jeweiligen Geschmacksurteile unabhängig von jeglichem Reiz oder jeglicher Rührung vollzieht und demnach auch kein Interesse vorliegt. Die Wohlgefallensarten am Angenehmen und am Guten gehören somit der Kategorie der materialen ästhetischen Urteile an, während das Wohlgefallen am Schönen der Kategorie der formalen ästhetischem Urteilen angehört.

2.3.4. Modalität:

Im vierten Moment eines Geschmacksurteils – dem Moment der Modalität (welche man mit der Begrifflichkeit „Art und Weise" gleichsetzen kann) – geht es um die Art und Weise der subjektiven Notwendigkeit eines Geschmacksurteils, die man einem Geschmacksurteil jedoch nur bedingt zuschreiben kann:

„ Da ein ästhetisches Urteil kein objektives Erkenntnisurteil ist, so kann diese Notwendigkeit nicht aus bestimmten Begriffen abgeleitet werden, und ist also nicht apodiktisch. Viel weniger kann sie aus der Allgemeinheit der Erfahrung (von einer durchgängigen Einhelligkeit der Urteile über die Schönheit eines gewissen Gegenstandes) geschlossen werden."[14].

2.3.5. Funktionen einzelner Momente:

Die vier Momente weisen dabei jeweils drei Kategorien auf: Quantität (Allheit, Vielheit, Einheit), Quantität (Realität, Negation, Limitation), Relation (Inhärenz und Subsistenz, Kausalität und Dependenz, Gemeinschaft), Modalität (Möglichkeit- Unmöglichkeit, Dasein-

---

[13]Ebd., S.100.
[14]Ebd., S.122.

Nichtsein, Notwenigkeit- Zufälligkeit) [15]. Hinsichtlich der einzelnen Momente eines Geschmacksurteils lassen sich ganz spezielle Funktionen einiger dieser Momente erkennen.

Bezüglich der Momente der Relation und Modalität gilt Folgendes:

„Systematisch gesehen, suchen das dritte und das vierte Geschmacksmoment das Verhältnis zwischen der Subjektivität und Objektivität des ästhetischen Scheins zu bestimmen und zwar erstens unter dem Aspekt der Zweckmäßigkeit der Objektivität zu den Erkenntnisvermögen (Zweckmäßigkeit ohne Vorstellung eines Zweck) und zweitens unter dem Aspekt der Verbindlichkeit des Spiels der Erkenntniskräfte hinsichtlich der Objektivität (exemplarische Gültigkeit beziehungsweise „subjektive Allgemeingültigkeit").“[16].

Der vierte Geschmacksmoment, also der Moment der Modalität, erfüllt wiederum eine ganz bestimmte Aufgabe:

„Im Unterschied zu den Momenten der Qualität, Quantität und Relation hat das Moment der Modalität eine reflexive Funktion hinsichtlich des Daseins eines Wohlgefallens und eine Begründungsfunktion für die besondere Weise der Äußerung, durch die ein Urteil über das Schöne zum Ausdruck gebracht wird.“[17].

Zusammenfassend lässt sich behaupten, dass die ersten beiden Momente eines Geschmacksurteils (Moment der Qualität & Moment der Quantität) die Eigenschaften und Merkmale eines Geschmacksurteils näher charakterisieren beziehungsweise darstellen. Im Gegensatz dazu setzen sich die beiden anderen Momente (Moment der Relation & Moment der Modalität) eher mit dem Zustandekommen beziehungsweise dem Entstehungsvorgang von Geschmacksurteilen auseinander. Ein Geschmacksurteil weist aber immer alle vier Momente gleichzeitig auf, weshalb jeder einzelne dieser Momente unerlässlich ist.

Außerdem lässt sich hinsichtlich der einzelnen Momente Folgendes ableiten:

„Die Erklärung des Schönen muß deshalb aus den Momenten des Geschmacksurteils gefolgert werden. Danach gilt, wie bereits angedeutet, das Schöne als Gegenstand eines interesselosen, allgemein und notwendigen, obwohl vom keinem Begriff abzuleitenden Wohlgefallens an der

---

[15]Göltz Walter, Kants „Kritik der reinen Vernunft" im Klartext, Tübingen, 2008, S.52.
[16]Feger Hans, Die Macht der Einbildungskraft in der Ästhetik Kants und Schillers, Heidelberg, 1995,, S.157.
[17]Häußler Johann N., Ästhetisches Reflexionsurteil, München, 1992, S.160.

Form eines Gegenstandes, die sich ohne Vorstellung eines konkreten Zweckes in der Wahrnehmung als zweckgemäß darstellt."[18].

Erst wenn ein Geschmacksurteil die zuvor aufgezählten Merkmale aufweist, kann man vom „Schönen" sprechen. Die Interesselosigkeit, die allgemeine Geltung ohne Begriff und der Ausschluss von Zwecken sind die charakteristischen Merkmale des Begriffs des Schönen. Man kann hierbei behaupten, dass der Aspekt der Interesselosigkeit auf dem ersten Moment eines Geschmacksurteils basiert. Die allgemeine Geltung ohne Begriff hingegen kann aus dem zweiten und dritten Moment gefolgert werden, während der Ausschluss von Zwecken aus dem vierten Moment eines Geschmacksurteils entspringt.

2.4. Abgrenzung Geschmacksurteil vom Erkenntnisurteil

2.4.1.Charakteristika Geschmacksurteil:

Wie bereits schon in einem früheren Abschnitt erwähnt wurde, ist das Gefühl der Lust und Unlust die Voraussetzung und zugleich das Gemütsvermögen, auf deren Basis überhaupt ein Geschmacksurteil entstehen kann. Ein Geschmacksurteil an sich weist mehrere Eigenschaften auf, wodurch sie sich kennzeichnen:

Zu der Beschaffenheit von Geschmacksurteilen kann man Folgendes sagen: „(...) das Urteil über einen Gegenstand ist nicht, wie das „logische" Urteil, ein direktes Urteil über einen Gegenstand, sondern eine indirekte Beurteilung des Gegenstandes durch Beurteilung der Sachlage der innersubjektiven psychischen Realität, (...)."[19]. Aus dem Zitat geht hervor, dass es sich bei einem Geschmacksurteil nicht um ein logisches und direktes Urteil, sondern um eine subjektive und indirekte Beurteilung handelt. Demzufolge ist ein Geschmacksurteil durch Subjektivität gekennzeichnet, wodurch gleichzeitig eine Objektivität ausgeschlossen ist. Außerdem ist ein Zusammenhang des Geschmacksurteils mit dem inneren psychischen Befinden eines jeden Individuums erkennbar. Ein Geschmacksurteil bezieht sich demnach

---

[18]Peter Hans-Joachim, Geschmacksurteil und ästhetische Einstellung- Eine Untersuchung zur Grundlegung transzendentalphilosophischer Ästhetik bei Kant und ein Entwurf zur Phänomenologie der ästhetischen Erfahrung, Würzburg, 2001, S. 111.
[19]Neumann Karl, Gegenständlichkeit und Existenzbedeutung des Schönen – Eine Untersuchung zu Kants >Kritik der Urteilskraft>, Bonn, 1973, S.126.

immer auf das individuelle Gefühl eines Menschen. Das Gefühl greift demnach mit in die Urteilsbildung ein. Die Quelle der Schönheit liegt also im Subjekt, nicht im Objekt selbst. Das Subjekt und sein Gefühlszustand entscheiden über die Schönheit von einem Gegenstand. Somit kann es eine Vielzahl an subjektiven Urteilen geben, da die psychischen Befindlichkeiten je nach Person und auch je nach Situation, in der sich eine Person befindet, verschieden sein können. Die Vielzahl dieser einzelnen Urteile impliziert somit auch gleichzeitig den Aspekt, dass die einzelnen Geschmacksurteile voneinander abweichen können (je nach Gefühlslage/ Situation/ Perspektive). Wie bereits im vorherigen Abschnitt deutlich wurde, kann man bezüglich des Aufbaus beziehungsweise der Beschaffenheit von Geschmacksurteilen noch folgenden Aspekt festhalten: Geschmacksurteile weisen vier unterschiedliche Momente auf, die sich selbst wiederum aus jeweils drei Unterkategorien beziehungsweise Ausdifferenzierungsmöglichkeiten zusammensetzen. Diese Unterteilung kann man zusammengefasst wie folgt darstellen: Qualität (Realität, Negation, Limitation), Quantität (Allheit, Vielheit, Einheit), Relation (Inhärenz und Subsistenz, Kausalität und Dependenz, Gemeinschaft) und Modalität (Möglichkeit- Unmöglichkeit, Dasein-Nichtsein, Notwendigkeit-Zufälligkeit). Daraus ergibt sich für Geschmacksurteile eine Vielzahl an Kombinationsmöglichkeiten der verschiedenen Elemente. Geschmacksurteile weisen zudem ein weiteres Merkmal auf: „Geschmacksurteile erheben dagegen, obwohl sie sich auf ein Gefühl beziehen, Anspruch auf Allgemeingültigkeit."[20].

2.4.2.Charakteristika Erkenntnisurteil:

Auch ein Erkenntnisurteil weist ganz spezifische Charakterisitka auf, wodurch eine Unterscheidung von Geschmacksurteil und Erkenntnisurteil möglich ist. Aus dem vorherigen Abschnitt wurde bereits deutlich, dass Erkenntnisurteile logische und direkte Urteil über einen Gegenstand sind. Das für die Entstehung beziehungsweise das Zustandekommen von Erkenntnisurteilen zuständige Erkenntnisvermögen ist der Verstand, der wiederum nach Gesetzmäßigkeit a priori arbeitet. Zum Aufbau beziehungsweise zur Struktur eines einzelnen Erkenntnisurteils lässt sich Folgendes sagen: „Es gibt genau vier (disjunktive) Klassen logischen Formen des Urteils, nämlich: erstens die Klasse der quantitativen Formen, zweitens die der qualitativen, drittens die der relationalen und viertens die der modalen Formen."[21]. Diese vier Klassen wiederum sind jeweils weiter ausdifferenziert: „Es gibt in jeder Klasse genau drei

[20]Franke Ursula,Kants Schlüssel zur Kritik des Geschmacks Ästhetische Erfahrung heute – Studien zur Aktualität von Kants >Kritik der Urteilskraft<, Hamburg, 2000 , S.104.
[21]Wolf Michael, Die Vollständigkeit der kantianischen Urteilskraft, Frankfurt am Main, 1995, S.9.

Elemente, nämlich: in der ersten Klasse die (quantitativen) Formen des allgemeinen, besonderen und einzelnen Urteils; in der zweiten die (qualitativen) Formen des bejahenden, verneinenden und unendlichen Urteils; in der dritten die (relationalen) Formen des kategorischen, hypothetischen und disjunktiven Urteils; in der vierten die (modalen) Formen des problematischen, assertorischen und apodiktischen Urteils."[22]. Demnach ist festzustellen, dass man Erkenntnisurteile in vier Klassen mit je drei Unterkategorien einteilen kann. Bei der Bildung von Erkenntnis - beziehungsweise Erfahrungsurteilen ist folgender Aspekt von Bedeutung: „Der Verstand ist auf die Sinnlichkeit angewiesen, und umgekehrt bringt die Sinnlichkeit ohne den Verstand keine richtige Erkenntnis zustande."[23]. Es arbeiten bei der Erkenntnisbildung somit stets Sinnlichkeit und Verstand zusammen. Der Verstand ist nicht alleiniger Produzent. Hinsichtlich der Anzahl von Erkenntnisurteilen kann man logischerweise – genau wie es bei den Geschmacksurteilen der Fall ist - behaupten, dass es eine Vielzahl von ihnen gibt, da man eine Vielzahl an objektiven beziehungsweise generellen Aussagen über einen bestimmten Gegenstand äußern kann.

2.4.3. Vergleich Geschmacksurteil & Erkenntnisurteil:

In den vorherigen beiden Abschnitten wurden bereits viele Charakteristika zu Geschmacksurteilen und Erkenntnisurteilen gesammelt. In diesem Abschnitt soll analysiert werden, inwiefern Geschmacksurteile und Erkenntnisurteile sowohl Gemeinsamkeiten als auch Unterschiede zueinander aufweisen. Im Folgenden werden diese miteinander verglichen:

Zunächst einmal lässt sich ganz grundsätzlich sagen, dass sowohl ein Geschmacksurteil als auch ein Erkenntnisurteil Arten des Urteilens darstellen. Zudem weisen beide Urteilsarten ein großes Spektrum an einzelnen Urteilen auf. Aus den Ergebnissen der vorherigen Abschnitte geht aber hervor, dass sich beide Urteilsarten hinsichtlich ihrer spezifischen Charakteristika grundlegend voneinander unterscheiden. Und zwar handelt es sich beim Geschmacksurteil um ein subjektives Urteil und nicht um ein logisches, wodurch ein Geschmacksurteil durch Subjektivität gekennzeichnet ist. Hingegen ist das Erkenntnisurteil durch Objektivität gekennzeichnet. Demnach handelt es sich bei dieser Urteilsart um ein logisches und objektives Urteil. Hinsichtlich der für die einzelnen Urteilsarten verantwortlichen Vermögen ließ sich zuvor schon feststellen, dass für das Geschmacksurteil das Gefühl der Lust/ Unlust und für das

---

[22]Ebd., S.9.
[23]Ludwig Ralf, Kant für Anfänge- Die Kritik der reinen Vernunft, München, 1995 S.58.

Erkenntnisurteil der Verstand die Basisgrundlage für das Zustandekommen dieser Urteile bildet. Bei jeder der beiden Urteilsarten sind somit verschiedene Vermögen von Bedeutung. Auch gibt es hinsichtlich der Differenzierung von Geschmacksurteilen und Erkenntnisurteilen weitere Unterschiede: Während Geschmacksurteile immer vier verschiedene Momente aufweisen, (qualitativ, quantitativ, relational, modal), kennzeichnen sich Erkenntnisurteile durch eine Aufteilung in vier Klassen logischen Urteilens auf. Jedoch sind auch diese Klassen mit denselben Begrifflichkeiten bezeichnet (=> Unterteilung in qualitative, quantitative, relationale, modale Klassen). Die einzelnen Klassen wiederum weisen jeweils weitere Ausdifferenzierung in unterschiedliche Elemente auf, die beim Geschmacksurteil nicht auftreten und wodurch sich Erkenntnisurteile von diesen abgrenzen lassen. Geschmacksurteile hingegen weisen ganz andere Unterkategorien auf, die bereits in einem vorherigen Abschnitt angeführt wurden. Zudem lässt sich ganz grundsätzlich bezüglich der Unterscheidung des Geschmacksurteil vom Erkenntnisurteil Folgendes aussagen: „Vom Erkenntnisurteil unterscheidet es sich dadurch, daß es nicht, durch Regeln und Begriffe geleitet, in seiner Allgemeingültigkeit bewiesen werden kann, sondern auf konkret- individuelle Ebenen angewiesen, seine allgemeine Geltung deshalb erst zu bewährende ist."[24]. Daher sind die beiden Arten von Urteilen voneinander abzugrenzen und einzeln zu betrachten.

4.Schluss: Fazit

Kants Ausarbeitungen zur Thematik des Ästhetischen weisen auch in der heutigen Zeit einen hohen Bekanntheitsgrad auf und haben wichtige Erkenntnisse für die Philosophie geliefert. In den vorherigen Abschnitten der vorliegenden Hausarbeit wurden verschiedene Aspekte des Werks „Kritik der Urteilskraft" analysiert: Geschmackskonzept Kants, Momente eines Geschmacksurteils sowie die Charakterisitka von Geschmacksurteilen und Erkenntnisurteilen. Im Folgenden sollen rückblickend die wichtigsten Erkenntnisse zusammengefasst dargestellt werden:

Zunächst einmal ließen sich bei der Analyse des Geschmackskonzepts bei Kant drei verschiedene Arten des Wohlgefallens ausfindig machen: das Angenehme, das Schöne, das

---

[24]Peter Hans-JoachimGeschmacksurteil und ästhetische Einstellung- Eine Untersuchung zur Grundlegung transzendentalphilosophischer Ästhetik bei Kant und ein Entwurf zur Phänomenologie der ästhetischen Erfahrung, Würzburg, 2001., S.114 f.

Gute. Diese wiederum sind mit bestimmten Begrifflichkeiten einhergegangen: das Angenehme => Neigung; das Schöne => Gunst; das Gute => Achtung. Dabei wurde hervorgehoben, dass die Wohlgefallensart der Schönheit nur bei Menschen auftreten kann. Zudem wurde deutlich, dass nur die Wohlgefallensart des Schönen nicht mit dem Begehrungsvermögen in Verbindung steht und somit auch mit einem Interesse einhergeht.

Hinsichtlich der einzelnen Momente eines Geschmacksurteils wurden die Momente der Qualität, Quantität, Relation und Modalität aufgeführt, die jeweils drei unterschiedliche Kategorien aufweisen: Qualität (Allheit, Einheit, Vielheit), Quantität (Realität, Negation, Limitation), Relation (Inhärenz und Subsistenz, Kausalität und Dependenz, Gemeinschaft), Modalität (Möglichkeit-Unmöglichkeit, Dasein- Nichtsein, Notwendigkeit- Zufälligkeit). Die einzelnen Momente wiederum erfüllen ganz bestimmte Aufgaben beziehungsweise Funktionen, die sie von den restlichen Momenten eines Geschmacksurteils unterscheiden. Zudem beschreibt jeder einzelne dieser Momente ein Geschmacksurteil in einer ganz bestimmten Hinsicht näher.

Bei den Charakterisitka von Geschmacksurteilen konnte bei der Analyse festgestellt werden, dass diese subjektive und indirekte Urteile sind, bei denen jegliche Objektivität ausgeschlossen ist. Geschmacksurteile beziehen sich stets auf Gefühlszustände eines Subjekts, weshalb einzelne Geschmacksurteile voneinander abweichen können. Ausschlaggebendes Vermögen für Geschmacksurteile ist hierbei das Gefühl der Lust/ Unlust.

Die Charakteristika von Erkenntnisurteilen hingegen kann man wie folgt zusammenfassen: Es handelt sich um logische, direkte und objektive Urteile, für deren Entstehung der Verstand als Erkenntnisvermögen dient. Neben dem Verstand hat hierbei noch die Sinnlichkeit Einfluss auf das Zustandekommen von Erkenntnisurteilen. Erkenntnisurteile lassen sich in vier Klassen mit je drei Elementen unterteilen: qualitativ (allgemein, besonders, einzeln), quantitativ (bejahend, verneinend, unendlich), relational (kategorisch, hypothetisch, disjunktiv), modal (problematisch, assertorisch, apodiktisch).

Beim Vergleich beider zuvor genannter Urteile fiel auf, dass es kaum Gemeinsamkeiten zwischen diesen beiden gibt. Die einzige Gemeinsamkeit, die sie verbindet, ist, dass es sich bei beiden um Urteilsarten mit einer Vielzahl an Urteilsmöglichkeiten handelt. Vielmehr fielen bei diesem Vergleich mehrere Unterschiede auf. Diese Unterschiede bezogen sich dabei auf die typischen Merkmale beider Urteilsarten und die für diese Urteile verantwortlichen Vermögen.

In Hinblick auf die Redewendung in der Einleitung („Schönheit liegt im Auge des Betrachters") kann man ausgehend von den festgestellten Ergebnissen also behaupten, dass diese Redewendung gewissermaßen auch mit Kants Theorie des Ästhetischen in Zusammenhang gebracht werden kann. Genauso wie bei dieser Redewendung wird auch bei Kant angenommen, dass Schönheit subjektiv unterschiedlich wahrgenommen werden kann. Auch Kant geht also davon aus, dass Geschmacksurteile voneinander abweichen können. Ebenso sind auch bei seiner Auffassung des Schönen die Perspektive und die Sichtweise des Individuums von Bedeutung. Zudem spielt der Aspekt der sinnlichen Wahrnehmung eine große Rolle. Das Schöne ist somit etwas, das subjektiv wahrgenommen wird. Auch wenn ein Geschmacksurteil stets bei jedem Menschen nach demselbem Prinzip und auf denselben Ausgangsbedingungen beruht, können sich die jeweiligen Geschmacksurteile je nach Individuum unterscheiden. Was als „schön" empfunden wird, hängt also vom jeweiligen Subjekt (=Betrachter) ab. Dennoch kann natürlich auch der Fall auftreten, dass es eine mehrheitliche Übereinstimmung einzelner Subjekte in der Hinsicht gibt, was nun als „Schönheit" empfunden wird.

Ingram Content Group UK Ltd.
Milton Keynes UK
UKHW040752090623
423165UK00004B/119